SANTOS
of
SPANISH NEW MEXICO

A COLORING BOOK

SUNSTONE
PRESS

Printed in the United States of America

10 9 8 7 6 5 4

ISBN: 0-86534-238-5

Published by SUNSTONE PRESS
Post Office Box 2321
Santa Fe, NM 87504-2321 / USA
(505) 988-4418 / *orders only* (800) 243-5644
FAX (505) 988-1025

OUR LADY OF THE IMMACULATE CONCEPTION

The theme refers to Mary's own spiritual conception, not that of the birth of Christ.

NUESTRA SEÑORA DE LA INMACULADA CONCEPCIÓN

El tema se refiere a la concepción de María, no al nacimiento de Cristo.

ST. BARBARA

Protectress of the home, she is shown in a three-tiered skirt and holding a palm. The tower where she was imprisoned is tri-windowed to show her devotion to the Trinity.

SANTA BÁRBARA

Protectora del hogar, ella se muestra en naguas de tres filas y deteniendo una palma. El torreón donde fue encarcelada es tri-ventanado para demostrar su devoción a la Trinidad.

OUR LADY OF ST. JOHN OF THE LAKES

Identified by her jeweled crown, hoop skirt and a
tall candle on each side.

NUESTRA SEÑORA DE SAN JUAN DE LOS LAGOS

Se identifica por su corona con joyas, naguas de arco,
y dos velas largas de su lado.

THE HOLY TRINITY

For centuries the representation of the Father, Son and Holy Ghost as identical persons was common in European art. It was forbidden in the 18th century but persisted with New Mexican santeros until recently.

SANTÍSIMA TRINIDAD

Por siglos la representación del Padre, del Hijo y del Espírito Santo como personas idénticas era común en el arte europeo. No se permitiá en el siglo dieciocho pero persistió con santeros Nuevo Mexicanos hasta recientemente.

ST. JOSEPH

Patron of the first mission established among the Jémez Indians of New Mexico in 1617. He holds a flowering staff and the Christ Child.

SAN JOSÉ PATRIARCA

El Patrón de la primera misión establecida entre los indios Jémez de Nuevo Mexico en 1617. Detiene un bastón grande y al Santo Niño.

THE HOLY CHILD

The Christ Child in a tin niche. Santa Fe Trail
peddlers introduced New Mexicans to the techniques
and designs of tinwork.

EL SANTO NIÑO

El Santo Niño está en un nicho de hojalata que los
vendedores "Santa Fe Trail" introducierón al Nuevo
Mexicano las técnicas y dibujos de trabajar hojalata.

OUR LADY OF SOLITUDE

An image of the Virgin after the Crucifixion.

NUESTRA SEÑORA DE SOLEDAD

Una imagen de la Virgen después la crucifixión.

ST. JAMES

The Patron of Spain, he appeared as a warrior and brought victory in the battles with the Moors. In New Mexico he became a protector of the settlers on the frontier.

SANTIAGO

El Patrón de España, apareció como guerrero y consiguió victoria en las batallas contra los moros. En Nuevo Mexico se hizo el protector de los pobladores fronterizos.

OUR LADY OF GUADALUPE

The Patroness of Mexico, she is always modeled after the picture in the basilica of Guadalupe, Mexico City, where she appeared four times to the Indian, Juan Diego in 1531.

NUESTRA SEÑORA DE GUADALUPE

La Patrona de Mexico, ella siempre es modelada en la forma del imagen en la Basílica de Guadalupe, en la Ciudad de Mexico, donde se le apareció cuatro veces al indio Juan Diego en 1531.

ST. PHILIP NERI

The Patron Saint of Albuquerque, N.M. since 1777, he is portrayed holding a rosary and a spray of lilies.

SAN FELIPE DE NERI

El Patrón de Albuquerque, Nuevo Mexico desde 1777, se representa deteniendo un rosario y un ramo de lirios.

RAPHAEL THE ARCHANGEL

The protector of travellers, he is a popular subject of
New Mexican santeros.

EL ARCÁNGEL RAFAEL

Como el protector de viajeros es sujeto popular de los
santeros Neomexicanos.

ST. JOHN NEPOMUK

Shown holding a cross and palm, he was martyred for refusing to break the secrecy of the confessional.

SAN JUAN NEPOMUCENO

Se muestra deteniendo una cruz y una palma habiendo sido martirizado por no quebrar el secreto de la confesión.

THE CHRIST CHILD LOST

New Mexican santeros usually portray him as a slender youth in a loin cloth.

EL NIÑO PERDIDO

Santeros Nuevo Mexicanos frecuentemente lo representán como un joven delgadito en pañal.

AN ALTAR SCREEN

Upper Left: The Immaculate Conception
Upper Center: The Holy Trinity
Upper Right: St. Francis of Assisi

Lower Left: Our Lady of Sorrows
Lower Center: The Man of Sorrows
Lower Right: Our Lady of Solitude

Arriba Izquierda: La Inmaculada Concepción
Arriba Centro: La Santísima Trinidad
Arriba Derecha: San Francisco de Asís

Abajo Izquierda: Nuestra Señora de los Dolores
Abajo Centro: Nuestro Padre Jesús
Abajo Derecha: Nuestra Señora de la Soledad

OUR LADY QUEEN OF HEAVEN   NUESTRA SEÑORA REINA DEL CIELO

OUR LADY OF REFUGE OF SINNERS

Shown among clouds and holding the Infant Christ.

NUESTRA SEÑORA DEL REFUGIO DE LOS PECADORES

Mostrada entre las nubes y deteniendo al Santo Niño.

GOD THE FATHER

He is shown in the act of benediction and holding a
sceptre. The dove symbolizes the Holy Spirit.

DIOS PADRE ETERNO

Se representa en el acto de dar la benedición y deteniendo
un cetro. La paloma simboliza al Espírito Santo.

ST. ISIDORE THE FARMER

Patron of Madrid and of New Mexican farmers, he is dressed in the clothing worn by farmers in colonial New Mexico. An angel helps drive his team of oxen so that he may pray.

SAN YSIDRO LABRADOR

Patrón de Madrid y de los labradores Nuevo Mexicanos, está vestido con ropa del estilo que usabán los labradores coloniales de Nuevo Mexico. Un ángel le ayuda arrear su tiro de bueyes para que él pueda rezar.

OUR LADY OF THE CONQUEST

The Patroness of Don Diego de Vargas and his soldiers in the bloodless reconquest of Santa Fe, N.M. in 1693.

NUESTRA SEÑORA DE LA CONQUESTA

La Patrona de Santa Fe que devolvió Don Diego de Vargas y sus soldados en la reconquista pacífica de Santa Fe, Nuevo Mexico en 1693.

ST. IGNATIUS LOYOLA

The founder of the Jesuit order, he is the patron of many New Mexico towns.

SAN IGNACIO DE LOYOLA

El fundador de la compañia de Jesús, Patrón de muchas plazas Nueva Mexicanas.

THE HOLY FAMILY
The Christ Child is shown between Mary and Joseph.

LA SAGRADA FAMILIA
El Santo Niño se ensena en medio de la Virgen y San José.

ST. ACACIUS

A soldier martyr, he is shown wearing a military uniform and crucified with his army.

SAN ACACIO

Un soldado mártir, demostrado con uniforme militar y crucificado con su ejercito.

ST. FRANCIS OF ASSISI

The founder of the Franciscan Order. Patron of Santa Fe, N.M., City of the Holy Faith of St. Francis.

SAN FRANCISCO DE ASÍS

El fundador de la Orden Franciscana. Patrón de Santa Fe, Nuevo Mexico, La Villa Real de la santa fe de San Francisco.

ST. RAYMOND NONNATUS

Patron of women in labor. Here he is formally attired,
holding a sceptre and a monstrance.

SAN RAMÓN NONATO

Patrón de mujeres en parto. Aquí esta vestido
formalmente, deteniendo un cetro y una custodia.

THE DEATH CART

This type of image is pulled by the Penitente Brothers during Good Friday processions.

CARRETA DE LA MUERTE

Este tipo de imagen llevan los hermanos penitentes durante la procesión de Viernes Santo.

MICHAEL THE ARCHANGEL

The messenger of God, he carries a sword and scales.
He stands on a subdued Satan.

EL ARCÁNGEL MIGUEL

El mensajero de Dios, lleva una espada y las escalas.
Él pone pie en Satanás vencido.

THE CHRIST CHILD OF ATOCHA

During the Moorish occupation of Spain, the Christ Child appeared to Christian prisoners with a basket of bread and a gourd of water. He is dressed like the pilgrims of that time.

SANTO NIÑO DE ATOCHA

Durante la toma de posesión de España por los Moros, el Santo Niño se les apareció a prisioneros cristianos con un canasto con pan y un guaje con agua. Está vestido como los peregrinos de la época.

ST. JEROME

One of the four Latin Fathers of the Church, he is holding a cross and beating his breast with a stone. The trumpet represents the voice of God.

SAN GERÓNIMO

Uno de los cuatro Padres Latinos de la Iglesia. Está deteniendo una cruz y golpeándose con una piedra. La trompeta representa la voz de Dios.

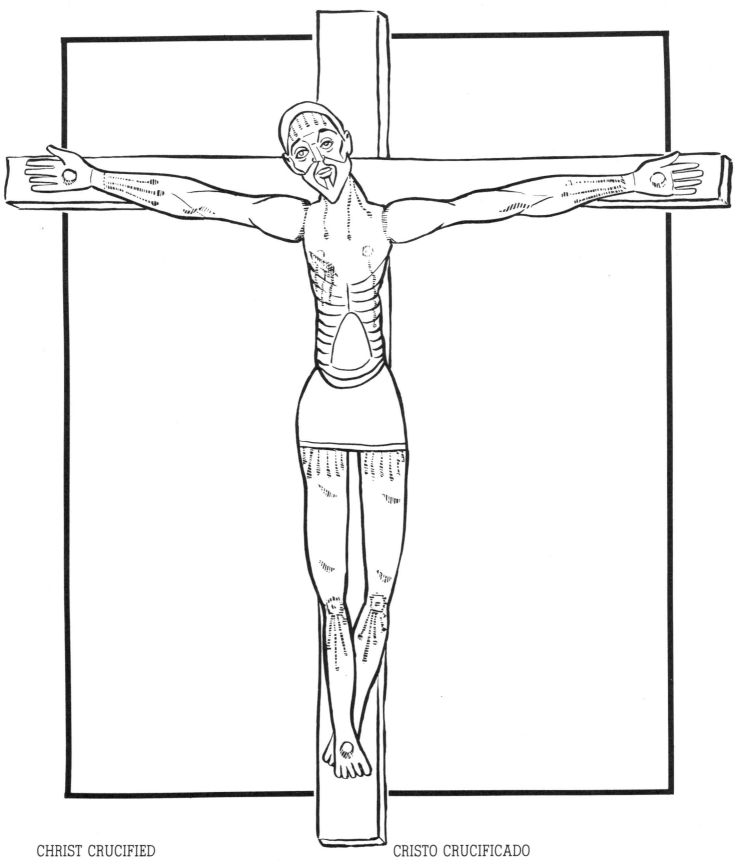

CHRIST CRUCIFIED

The treatment of this work indicates a connection with the Penitente Brotherhood. The body was jointed at the shoulders to permit it being placed in a coffin after crucifixion on Good Friday.

CRISTO CRUCIFICADO

La forma de esta abra indica la conexión con los hermanos Penitentes. El cuerpo esta juntado en los hombros para permitir ponerle en un cajón de difunto (ataúd) después de la crucifixión del Viernes Santo.